Dedicated to all animals waiting for love, and to the people who love them.

Dedicado a todos los animales que esperan amor, y a las personas que los aman.

10% of author profits go to Triple A Animal Sanctuary in Marbella.

El 10% de los beneficios del autor se destinan al Santuario Animal Triple A de Marbella.

tripleamarbella.org

TRIPLE A

MARBELLA - SAN PEDRO

Cat

Gato

Dog

Perro

Horse

Caballo

Cow

Vaca

Pig

Cerdo (Chancho)

Sheep

Oveja

Duck

Pato

Chicken

Pollo

Monkey

Mono

Elephant

Elefante

Lion

León

Giraffe

Jirafa

Zebra

Cebra

Fish

Pez

Bear

Oso

Ciervo (Venado)

Rabbit

Conejo

Squirrel

Ardilla

Owl

Búho

Frog

Rana

Snake

Serpiente

Penguin

Pingüino

Dolphin

Delfín

Canguro

Koala

Koala

Pronunciation Guide

Pronunciation can differ due to regional accents. We've provided the commonly used pronunciation for each word in English and Spanish. The words are divided into syllables, written as they sound. A syllable in UPPER CASE should be emphasised when speaking.

	Animales an-i-MAH-les		**Elefante** e-le-fan-TE		**Conejo** ko-NE-ho		
	Gato GAH-to		**Mono** MO-no		**Ardilla** ar-DI-ya		
	Perro PE-rro		**Tigre** TI-gre		**Búho** BOO-ho		
	Caballo ka-BA-yoh		**León** le-ON		**Serpiente** ser-PYEN-te		
	Vaca VA-ka		**Jirafa** hi-RA-fa		**Rana** RA-na		
	Cerdo SER-do		**Cebra** SE-bra		**Pingüino** pin-GWEE-no		
	Oveja o-VE-ha		**Pez** PEZ		**Delfín** del-FEEN		
	Pato PA-to		**Oso** O-so		**Canguro** kan-GU-ro		
	Pollo PO-yoh		**Ciervo** THYER-vo		**Koala** ko-A-la		

Guía pronunciador

La pronunciación puede variar debido a los acentos regionales. Hemos proporcionado la pronunciación comúnmente utilizada para cada palabra en inglés y español. Las palabras están divididas en sílabas, escritas tal y como suenan.
Una sílaba en MAYÚSCULAS debe ser enfatizada al hablar.

Animals AN-i-mals	**Elephant** EL-e-fant	**Rabbit** RAB-it
Cat Kat	**Monkey** MUN-kee	**Squirrel** SKWI-rl
Dog Dog	**Tiger** TY-gar	**Owl** Owl
Horse HAWs	**Lion** LY-on	**Snake** Snayk
Cow Kau	**Giraffe** ji-RAF	**Frog** Frog
Pig Pig	**Zebra** ZEB-ra	**Penguin** PEN-gwin
Sheep Sheep	**Fish** Fish	**Dolphin** DOL-fin
Duck DUHK	**Bear** BEAR	**Kangaroo** kang-a-ROO
Chicken CHIK-in	**Deer** DEER	**Koala** ko-A-la

Coming soon

Próximamente

First vehicles words in English and Spanish

Vehicles

Vehículos

Primeras palabras de vehículos en inglés y español

English & Spanish · Inglés y Español

Katrina S Gallagher

First Christmas words in English and Spanish

Christmas

Navidad

Primeras palabras navideñas en inglés y español

English & Spanish · Inglés y Español

Katrina S Gallagher

Halloween

First Halloween words in English and Spanish
Primeras palabras de Halloween en inglés y español

English & Spanish · Inglés y Español

Katrina S Gallagher

Livre bilingue pour bébés et enfants

Bonjour Bonnie!

Hello Bonnie!

Bilingual book for babies and children

English & French · Anglais & Français

Katrina S Gallagher

Libro bilingue per neonati e bambini

Ciao Clara!

Bilingual book for babies and children

Hello Clara!

English & Italian · Inglese & Italiano

Katrina S Gallagher

Zweisprachiges Buch für Babys und Kinder

Hallo Hannah!

Hello Hannah!

Bilingual book for babies and children

English & German · Englisch & Deutsch

Katrina S Gallagher

BooHQ.com/aesreview

Please review our book by scanning the QR code.

You can also access a bilingual activity booklet and other free printables.

Por favor, deja una reseña escaneando el código QR.

También puedes encontrar un folleto de actividades bilingüe y otros materiales gratuitos.

Ingram Content Group UK Ltd.
Milton Keynes UK
UKHW050349190723
425361UK00003B/34